Anika Erdmann

Simulation eines Hochregallagers in Java

GRIN Verlag

Bibliografische Information der Deutschen Nationalbibliothek:

Die Deutsche Bibliothek verzeichnet diese Publikation in der Deutschen National-
bibliografie; detaillierte bibliografische Daten sind im Internet über http://dnb.d-
nb.de/ abrufbar.

Impressum:

Copyright © 2002 GRIN Verlag GmbH
Druck und Bindung: Books on Demand GmbH, Norderstedt Germany
ISBN: 978-3-656-07353-6

Dieses Buch bei GRIN:

http://www.grin.com/de/e-book/182071/simulation-eines-hochregallagers-in-java

GRIN - Your knowledge has value

Der GRIN Verlag publiziert seit 1998 wissenschaftliche Arbeiten von Studenten, Hochschullehrern und anderen Akademikern als eBook und gedrucktes Buch. Die Verlagswebsite www.grin.com ist die ideale Plattform zur Veröffentlichung von Hausarbeiten, Abschlussarbeiten, wissenschaftlichen Aufsätzen, Dissertationen und Fachbüchern.

Hochregallager

GDI-L

-o-_ Hochregallager _-o-_

Status: 86 Paletten im System, bisher 86 eingelagert und 0 ausgeliefert.

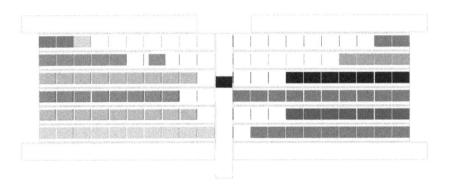

Neue Palette 'Orangen' einstellen

Inhaltsverzeichnis

Einleitung

Es soll Aufbau und Funktion eines Hochregallagers vereinfacht simuliert werden. Zur Lösung dieser Aufgabe wird die Programmiersprache Java genutzt. Die Fähigkeiten und Charakteristika von JAVA sollen genutzt werden, um die Programmieraufgabe zu lösen. Objektorientierte Programmierung steht dabei im Vordergrund.. Zusätzlich soll die Aufgabe visualisiert werden. Dazu wird sich dem GUI (Graphical User Interface – Grafische Benutzeroberfläche), genauer dem JAVA-Paket AWT (Abstract Windowing Toolkit) bedient. Mit dem Start des Programms wird ein Fenster geöffnet, das die Fähigkeit des AWT nutzt. Das Hochregallager wird dargestellt, ebenso der Fahrweg der Paletten durch das Lager. Zur Vereinfachung wird davon ausgegangen, dass nur die Erdgeschossebene des Hochregallagers simuliert wird. In der Draufsicht, die auch in der Visualisierung benutzt wird, sind alle Wege und auch Palettenablageplätze gut sichtbar

1. Spezifikation Hochregallager v1.2 (Stand 04.05.02)

Anzahl der Eingänge: 1 x (Palettenanlieferung)
Anzahl der Ausgänge: 2 x (Palettenabfuhr durch LKW)

Maximale Anzahl der Palettenplätze: 120
Maximale Anzahl der unterschiedlichen Paletten: 120

Zwei verschiedene LKW-Größen:
- LKW 7,5t: max. 4 Paletten
- LKW 25t: max. 10 Paletten (4 auf LKW, 6 auf Anhänger)

Ausgangsvoraussetzung:
- Die LKW können unterschiedliche Palettensorten laden.
- Einige LKW werden nur teilweise beladen und fahren dann ab.
- Bei genügend Platz werden die Paletten sortenorientiert gelagert.
- Steuerfeld in der Grafik stellt Bedienfeld zur Verfügung
- NOTAUS vorsehen
- Gemischte Lager werden bei „Leerlauf" umsortiert um sortenorientiert gelagert zu werden.
- Die älteste Palette einer Sorte soll als erste ausgeliefert werden. (Verderblichkeit)
- Die im Lager befindlichen Palettensorten sollen gezählt werden.
- Vereinfachend haben alle Paletten die gleiche Grundfläche

Annahmen:
- Die Förderbänder bestehen aus Rollen, die sich einzeln ein- und ausschalten lassen.
- 5 Hauptförderbänder, 2 Fahrstühle (am Ausgang der Lagerförderbänder), 12 Lagerförderbänder.
- Die Förderbänder können nur in eine Richtung laufen. Sie können sich überschneiden.
- Die Eigenschaften eines jeden Platzes im Lager sind durch eine Tabelle bestimmt (Array).
- Jede Palette, die ein neues Ziel erhält, wird als „Thread" behandelt, bis sie ihr Ziel erreicht hat.
- Bei Kreuzungspunkten wird eine eindeutige Vorfahrtsregelung festgelegt.

Ausnahmen:
- Zu viele Paletten
- Sortiervorgang läuft – Ausgabe steht an
- Sortiervorgang läuft – Eingabe steht an

2. Eigenschaften und Aufgaben der Objekte

2.1. Palette.java

Die Palette wird mit einer Ware initialisiert. Sie erhält eine leere Auftragsliste. Diese enthält das nächste Ziel der Palette. Es muss immer die unmittelbar anschließende Einheit sein, da die Palette die Topologie des Lagers schließlich nicht kennt.
Dann startet der Thread und schaut sich die Auftragsliste an. Wenn es einen Auftrag gibt, dann erkundigt sie sich beim Lager, wo an der aktuellen Einheit die gewünschte Einheit beginnt und wo die aktuelle Einheit verlassen werden muss.
Da das ganze Lager auf dem Schachbrett entworfen wurde, wird mit einfachen Indexen gearbeitet.
Die Palette fährt nun Schritt für Schritt dynamisch zum Ausgangspunkt und einen Schritt weiter in die neue Einheit.
Man muss sich eine Einheit so vorstellen, als wenn dort Plätze wären, in denen Paletten stehen können. Eingangspunkte und Ausgangspunkte sind die Stellen, an denen eine Palette eine Einheit verlässt (Ausgangspunkt) und eine neue Einheit betritt (Eingangspunkt). Beide Punkte müssen somit vorher schon mal definiert worden sein und genau das wird im Konstruktor von Lager gemacht.
Angenommen, das mittlere Band ist 5 "Plätze" lang und eine Palette steht auf dem ersten Platz, dann muss es einen Platz nach dem anderen abfahren bis es an seinem Ausgangspunkt ist (beispielsweise das vorletzte linke Regal, wäre Platz 4 auf dem Band) und dann in das Regal (also die neue Einheit wechseln).
Die Palette fährt dann: Band/Platz1 -> Band/Platz2 -> Band/Platz3 -> Band/Platz4 -> Regal/Platz1.
In LagerCanvas.java ist oben im Kommentar das Lager als Schachbrett aufgemalt, damit kann man es leicht nachverfolgen.
Danach wiederholt es sich ("gibt es einen Auftrag?"). Wenn es keinen gibt, legt die Palette sich mit wait() schlafen.

2.2. Regal.java

Der Sonderfall Regal wird separat behandelt, indem die Paletten an dessen Ende durchfahren müssen. Im Normalfall bleiben die Paletten am Anfang stehen. Dieses hat logische Gründe: Stünde ich am Ende und wechselte mit einem Schritt in die neue Einheit, dann wüsste ich nicht, wo das Ende der Palette in der neuen Einheit ist, da in den meisten Fällen kein Auftrag dafür existiert.
Teilt das Lager der Palette ein neues Ziel mit, dann trägt sie bei der Palette einen neuen Auftrag ein und weckt den Thread durch ein notify().
Ganz zu Beginn des Threadbeginns hat die Palette schließlich keine zugeordnete Einheit. Sie nimmt daher die Einheit aus dem ersten Auftrag und setzt sich an dessen Anfang. In diesem Fall das Einsortier-Band.

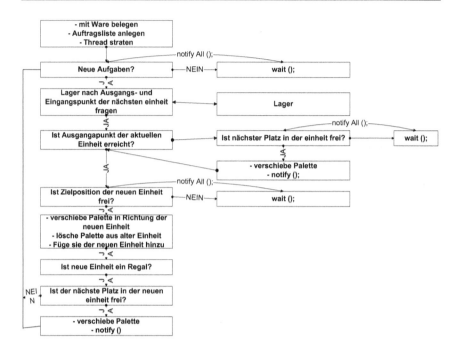

2.3. Lager.java

Das Lager baut die logische Struktur des Lagers auf. Im Konstruktor werden alle Einheiten, also die Regale, die 5 Bänder, die LKW-Abfertigung und die Fahrstühle (wenn existieren) angelegt. Anschließend werden die Einheiten verknüpft: Wer ist wo wessen Ein- oder Ausgang. Dies benötigt eine Palette, damit sie weiß, wo sie hinausfahren und hineinfahren muss. Zudem gibt es kleine Funktionen zur Verwaltung der Paletten und sonstige kleine Abfragen des Lagers.

Das Lager ist insofern dynamisch, als dass es jede Größe annehmen kann! Die Aufgabenstellung hieß zwar 6x2 Regale á 10 Plätze, aber man kann Testweise auch mit 10x2 á 8 Plätzen arbeiten. Das muss in Simulation.java im init() lediglich geändert werden.

Das Lager selber führt das Neueinstellen einer Palette durch. Es versucht es solange, bis die Palette auf dem Sortierband eingestellt werden kann. Danach sucht das Lager für die Palette das Zielregal (mit getRegal()). Dieses neue Regal erhält die Palette als Auftrag. Somit beginnt die Palette von selbst (siehe oben, bei Palette) sich den Weg ans Ziel zu bahnen. Sollte die Suche nach einem Regal keinen Erfolg gehabt haben, weil alle voll sind, dann beendet sich das Programm. Die Regalsuche selber sucht erst in einem Regal der Palettenware, dann in einem leeren Regal, wenn kein leeres da ist, in einem Zwischenlager- Regal. Schließlich bietet das Lager Funktionen zur Bestimmung des Standortes innerhalb des Lagers, sei es für Regale, Bänder, ... , Paletten. Dies ist nötig, um korrekt animieren zu können.

Dem Lager fehlt noch die Logik, wie Paletten umgelagert (also aus den Zwischenlagern heraus in die Hauptregale), Paletten ausgeliefert etc werden.

2.4. Einheit.java

Dies ist die Basisklasse aller Einheiten (außer der Palette). Sie verwaltet Plätze, Richtung, Reservierungen und Speed der Einheit. Zudem bietet sie Funktionen zum Speichern der Ein- und Ausgänge jeder Einheit und zwar in Form eines eigenen Einheit IO-Objekts (siehe Ende des Sources). Für das Weiterbewegen einer Palette in der Richtung der Einheit gibt es die Funktionen reserviereNaechsten() und verschiebePalette(). Die Plätze einer Einheit dienen der Aufnahme der Palette und der Reservierung.

Von dieser Klasse werden Regal, Band, etc abgeleitet, da sie alle im Prinzip die selben Eigenschaften haben. Regal hat zusätzlich noch die Eigenschaft einer zugeordneten Sorte, die das Regal aufnehmen kann. Die noch fehlende Klasse Fahrstuhl hat eine Besonderheit: In ihr kann immer nur eine einzige Palette zur gleichen Zeit sein.

2.5. LagerCanvas.java

Dieses grafische Objekt kümmert sich komplett um die visuelle Erzeugung. Darin werden die statischen Elemente (auch ruhende Paletten) gezeichnet. Die dynamischen Paletten zeichnen sich selbst. Diese Diskrepanz müsste vollständig abgeschafft werden und die Aufgabe sollte LagerCanvas.java voll übernehmen, denn dann sieht die Animation auch gut aus. calcScale() berechnet einen Skalierungsfaktor, so dass das gesamte Lager auch voll ins Canvas hineinpasst. So kann während der Simulation die Fenstergröße geändert werden, und das Canvas passt sich automatisch an. Ich habe absichtlich eine ganzzahlige Skalierung verwendet, da die natürliche Skalierung unschöne Effekte beim Darstellen erzeugt. Die paint() Methode ruft für alle beteiligten Einheiten die Funktion zeichne() auf. Damit alle Einheiten diese Methode auch sicher implementiert haben, wurde die Schnittstelle Grafisch.java erzeugt, die jede grafische Einheit (also z.B. Regal und Grafisch bilden RegalGrafisch).

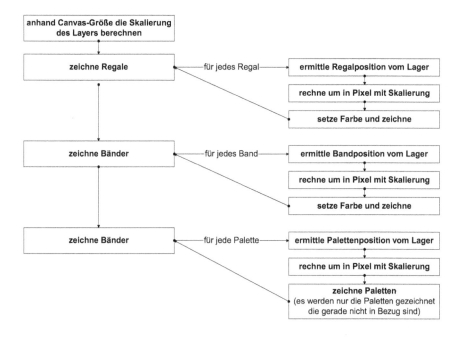

2.6. Simulation.java:

Sie richtet das Fenster ein, baut das Lager zusammen, weist das Lager dem Canvas zu, richtet die Steuerungen im Fenster samt deren Aktions-Listener ein und wartet brav auf Knopfdruck. Auf Knopfdruck wird die bereits bekannte Palette ans Lager weitergegeben, eine neue Palette erzeugt, die Oberfläche aktualisiert und wieder gewartet.

Um das Deadlock zu umgehen, das entsteht wenn man zu schnell den Button zum Anfordern neuer Paletten drückt, habe ich eine Schleife eingebaut und das "klick den Button" auskommentiert.

Diese Schleife wird maximal 120 mal aufgerufen. Mehr Paletten würden im idealen Fall nicht in das Lager passen. Die Konstante MAX_PALETTEN wird bei getNeueZufaelligePalette() geprüft. Wird der Wert überschritten, erzeugt die Funktion keine neue Palette mehr, da das Lager dann, da noch nicht ausgeliefert werden kann, voll wäre.

Die Paletten kommen nun im Abstand von 2000 bis 4000 ms (zufällig). Dieses wird überflüssig, sobald die Ampel korrekt geht. Sie geht in der momentanen Fassung nicht, da das Meldesystem an die Simulation fehlt.

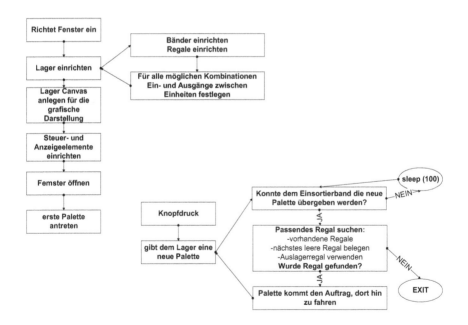

2.7. Zusammenhang der Klassen im Flussdiagramm

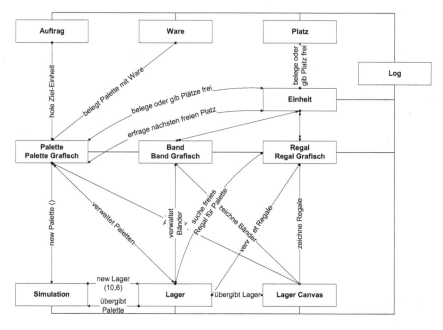

Detaillierter macht es keinen Sinn, da das dann quasi dem Vorlesen des Quellcodes entspräche.

3. Eigenschaften des Lagers

3.1. Eingänge

Zur Anlieferung von Paletten gibt es einen Eingang, durch den immer eine Palette gleichzeitig in das Lager gelangen kann. Es kann gleichzeitig nur ein LKW erscheinen und Paletten anliefern. Die Reihenfolge der Palettensorten ist nicht festgelegt, sondern geschieht zufällig. Befindet sich im *„Eingangsbereich"* gerade eine Palette, so kann keine zweite Palette angeliefert werden. Nachfolgende Paletten müssen auf eine Freigabe für diesen Bereich warten.

Für den Eingangsbereich gibt es eine Vorfahrtsregelung, da aus drei verschiedenen Richtungen Paletten in diesen Kreuzungspunkt gelangen können. Aus den Richtungen *„links"* und *„rechts"* können Paletten aus Umsortiervorgängen kommen. Diese Paletten haben vorher schon mindestens einmal den Kreuzungspunkt durchfahren. Paletten, die von *„unten"* kommen werden gerade durch einen LKW angeliefert und befahren diese Kreuzung zum ersten Mal. Aus dem *„Eingangsbereich"* fahren die Paletten immer nur nach oben heraus, haben also nur eine mögliche Richtung zum Verlassen dieses Bereiches.

Um einen Zusammenstoß von mehreren Paletten auf der Kreuzung des Eingangsbereiches zu verhindern, muss eine eindeutige Vorfahrtsregelung getroffen werden. Sollte sich eine Palette gerade im Kreuzungsbereich befinden, so ist das Hineinfahren in den Kreuzungsbereich für weitere Paletten nicht gestattet. Sollte durch das Verlassen einer Palette der Kreuzungsbereich wieder frei werden, wird dieser Bereich wieder freigegeben. Da nun von drei Seiten (links, rechts, unten) gleichzeitig Palette einfahren könnten, müssen durch die Programmierung Prioritäten gesetzt werden. Von *„links„* und *„rechts"* kommen nur Paletten, die umsortiert bzw. umgelagert werden. Höchste Priorität haben die von *„unten"* kommenden Paletten. Es könnte sein, dass die gerade angelieferte Palette sofort wieder ausgeliefert werden muss, weil sich keine Palette des gleichen Typs im Lager befindet und ein LKW am Ausgang nur auf diesen Palettentyp wartet. Das Abfahren des LKW am Ausgang würde unnötig verzögert werden, wenn durch einen Umsortiervorgang Paletten von *„links„* und *„rechts"* angelieferte Paletten blockieren würden. Da die Paletten von *„links„* und *„rechts"* ungefähr die gleiche Priorität besitzen, wurde durch die Programmierung ein *„links„* vor *„rechts"* realisiert.

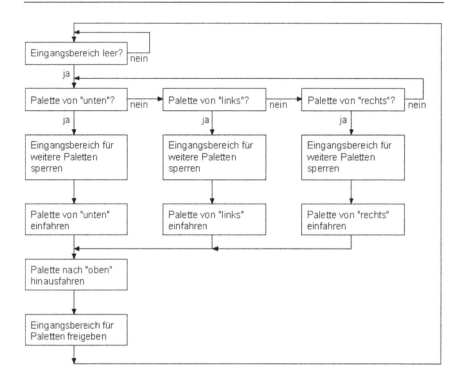

3.2. Ausgänge:

Zur Auslieferung von Paletten gibt es zwei Ausgänge, durch den jeweils immer eine Palette gleichzeitig aus dem Lager gelangen kann. An den beiden Ausgängen kann jeweils ein LKW erscheinen und Paletten anfordern. Zur Vereinfachung des Problems wird nicht berücksichtigt, in welcher Reihenfolge die Paletten auf die LKW geladen werden müssen. Befindet sich im „*Ausgangsbereich*" gerade eine Palette, so kann keine zweite Palette ausgeliefert werden. Nachfolgende Paletten müssen auf eine Freigabe für diesen Bereich warten. Für den Ausgangsbereich gibt es zusätzlich noch eine Vorfahrtsregelung, da aus drei verschiedenen Richtungen Paletten in diesen Kreuzungspunkt gelangen können. Aus den Richtungen „*links*" und „*rechts*" können Paletten aus dem Lager kommen. Paletten, die von „*unten*" kommen wurden gerade angeliefert und werden sofort wieder ausgeliefert, weil keine ältere Palette des gleichen Typs sich im Lager befindet. Aus der Kreuzung „*Ausgangsbereich*" fahren die Paletten immer nur nach oben heraus, haben also eine mögliche Richtung (aber zwei Ausgangsmöglichkeiten!) zum Verlassen dieses Bereiches.

Um einen Zusammenstoß von mehreren Paletten auf der Kreuzung des Ausgangsbereiches zu verhindern, muss eine eindeutige Vorfahrtsregelung getroffen werden. Sollte sich eine Palette gerade im Kreuzungsbereich befinden, so ist das Hineinfahren in den Kreuzungsbereich für weitere Paletten nicht gestattet. Sollte durch das Verlassen einer Palette (durch einen der beiden Ausgänge) der Kreuzungsbereich wieder frei werden, wird dieser Bereich wieder freigegeben. Da nun von drei Seiten (links, rechts, unten) gleichzeitig Palette einfahren könnten, müssen durch die Programmierung Prioritäten gesetzt werden. Von „*links*" und „*rechts*" kommen nur Paletten, die schon mindestens einmal eingelagert wurden und somit meistens älter sind als die von „*unten*" kommenden Paletten (wurden meistens gerade erst angeliefert). Da beide Ausgänge nach „*oben*" (und somit beide LKW) durch den gleichen Ausgangsbereich beliefert werden und wir das Prinzip der Verderblichkeit berücksichtigen, können von „*unten*" kommende Paletten länger warten. Die höhere Priorität erhalten die Paletten von „*links*" und „*rechts*", vorrangig vor den Paletten von „*unten*". Zusätzlich wurde durch die Programmierung ein „*links*" vor „*rechts*" realisiert, da die Paletten von „*links*" und „*rechts*" ungefähr die gleiche Priorität besitzen.

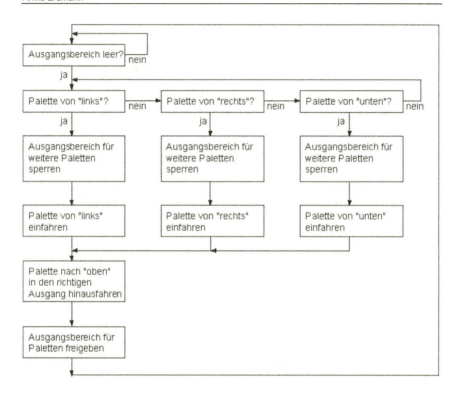

3.3. Sortierpfad

Der Sortierpfad besteht aus einem Eingang, 6 Lagermöglichkeiten nach „*links*", 6 Lagermöglichkeiten nach „*rechts*" und einer Auslieferungsmöglichkeit nach „*oben*". Paletten können sich auf dem Sortierpfad nicht nach „*unten*" bewegen. Beim Befahren des Sortierpfads wird das Ziel der Palette festgelegt. Entweder wird der Palette eine Lagerreihe zugeordnet, oder sie soll ausgeliefert werden. Ist die Palette für die Einlagerung bestimmt, so fährt sie den Sortierpfad nach „*oben*", bis sie in die zugewiesene Lagerreihe nach „*links*" oder „*rechts*" abbiegt. Nur bei der Auslieferung fährt die Palette ganz nach „*oben*" und wartet auf die Freigabe zum Einfahren in den Ausgangsbereich.

3.4. Auslagerungspfad

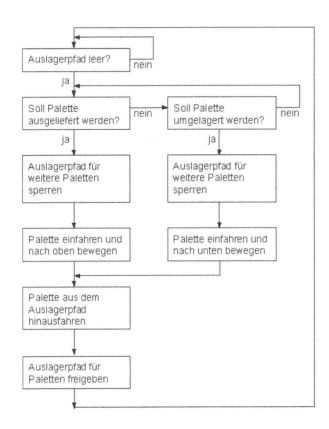

4. Hochregallageranimation

Auf diesem Bild ist deutlich der Sortiervorgang zu erkennen. Auf dem Button wird die nächste Sorte (zufällig) bekannt gegeben. In der Mitte läuft mit der rosafarbenen Palette gerade der Transport zum entsprechenden Lager ab. Die orange Palette hat fast ihr Ziel erreicht. Da die graue, magentafarbene, rote, hellblaue und schwarze Palettenreihe voll sind, hat das Regallager angefangen auf den oberen beiden Bändern die Mischlager zu bilden. Im Gegensatz zu den anderen Bändern, die das Lager mit einer Sorte nacheinander vollstellt, sortiert das Mischlager die ankommenden Paletten abwechselnd nach links und rechts ein.
Ganz oben steht der Status des Lagers. Wie viele Paletten sind eingelagert, wie viele wurden ausgeliefert.

5. Deadlock

Das Programm verursacht, wie oben bereits beschrieben ein Deadlock wenn man zu schnell hintereinander den Button gedrückt hatte.
Es liegt meines Erachtens daran, dass es an folgender Stelle in der Lager.class „hakt":

```
public synchronized boolean neuePalette(Palette pobjPalette)     {
// Teilt dem Lager mit, dass eine neue Palette ins System
// eingefuehrt wird. Sie kommt aufs Einsortierband.
 Log.println("Neue Palette "+pobjPalette+" im Lager:");
 while
(!aobjBaender[EINSORTIERBAND].paletteEinfuehren(pobjPalette,null))   {
// solange nicht zugeteilt werden kann,
// warten wir kurz und versuchen es erneut
        try { Thread.currentThread().sleep(100); } catch
(InterruptedException ie)   { }
}
```

Die Warteschleife wird nicht beendet, weil das Eingangs-Feld nicht frei wird, d.h. paletteEinfuehren() wird nicht erfolgreich ausgeführt.

Evtl. könnte man ein wait() einbauen, welches das Button drücken nur alle 2 Sekunden zulässt. Man könnte auch einen Check machen, ob noch was in der Schleife ist, so dass das nächste Drücken ignoriert wird und gibt eine Meldung raus. Somit müsste man auf das „drück den Button" nicht verzichten. Ein weiterer Ansatz wäre dem Eingangsfeld einen dynamischen Wert zuzuweisen, damit immer wieder ein neuer Wert generiert werden kann (z.B. durch durchnummerieren). Beim erneutem Drücken wird ein neuer Wert genommen - 1-xxx – (z.B. durch das Schreiben einer Nummer in ein Dokument auf Dateiebene) und diese Nummer wird einfach immer wieder erhöht. (Eine Extra Datei nehmen in der nur "1" steht. Diese wird wieder eingelesen, der letzte Wert i++ genommen; wird wieder ins Dokument geschrieben, und dann $$i=Eingangsfeld u.s.w. Damit haben wir eine Variable die immer neu heißt und eindeutig ist. Dadurch kann das Eingangsfeld sofort freigegeben werden.)

Meine Lösung dazu ist oben beschriebene Automatisierung des Buttons.

6. Anlagen

Quellcode:
- Ampel.java
- Auftrag.java
- Band.java
- BandGrafisch.java
- Einheit.java
- Grafisch.java
- Lager.java
- LagerCanvas.java
- LKWs.java
- Log.java
- MainObject.java
- Palette.java
- PaletteGrafisch.java
- Simulation.java
- Ware.java

```java
                                   Ampel.java
package hrl;

/**

Ampel - signalisiert eine neue Palette oder nicht

*/

public class Ampel extends Thread        {
        // der Einfachheit halber zwei Konstanten:
        public static final boolean OFFEN       = true;
        public static final boolean GESPERRT    = false;

        // Zustand der Ampel
        private boolean boolAmpel = GESPERRT;
        // Vorgabe ist GESPERRT

        // Erlaubnis, ob überhaupt geöffnet werden darf
        private boolean boolErlaubnis   = true;

        // Kontrolliert nur, ob der Thread laufen darf oder nicht
        private boolean boolRunning     = true;


        public void run() {
        // vorgegeben von Thread
                Log.println("Thread Ampel gestartet.");
                while (boolRunning)      {
                        // haben wir Erlaubnis?
                        if (boolErlaubnis)       {
                                // geben wir uns zufällig ein Öffnen oder
Schließen
                                boolAmpel = GESPERRT;
                                if (Math.random() < 0.5)         {
                                        boolAmpel = OFFEN;
                                }
                                update();        // hier wird ein Update
ausgeführt
                                Log.println("Neuer Status:
"+(boolAmpel?"Offen":"Gesperrt"));
                        }
                        // warte zufällig gegebene Zeitspanne
                        // wir nehmen maximal 5 Sekunden (=5000 Millisekunden)
                        try      {
                                long delay = (long)(5000*Math.random());
                                Log.println("warte "+(delay/1000.0)+"
Sekunden");
                                this.sleep(delay);
                        }
                        catch (InterruptedException ie) {
                                Log.println("Der Ampel-Thread wurde
unterbrochen: "+ie.getMessage());
                                return;
                        }
                }
                // beendet sich diese Methode, beendet sich auch der Thread
        }

        protected void update() {
                // leer
        }

        public void genugGetan()         {
                // um anständig den Thread zu beenden
                boolRunning = false;
        }

        // gibt den momentanen Zustand zurück
```
Page 1

```
                        Ampel.java
public synchronized boolean getZustand()          {
        return boolAmpel;
}
public synchronized boolean isOffen()    {
        return (boolAmpel==OFFEN);
}
public synchronized boolean isGesperrt()          {
        return (boolAmpel==GESPERRT);
}
}
```

```
                              Auftrag.java
package hrl;

/**

Auftrag - ein Auftrag für eine Palette
Ein Auftrag enthält ein Ziel für eine Palette. Sie kann entweder sich
normal

*/

public class Auftrag {

        private Einheit objZiel;
        private int       intEingang;
        // sollte die Einheit mehrere "Eingänge" haben, wird hier festgelegt,
welcher

        public Auftrag(Einheit pobjZiel, int pintEingang)        {
            objZiel        = pobjZiel;
            intEingang     = pintEingang;
        }

        public Auftrag(Einheit pobjZiel)        {
            this(pobjZiel,0);
        }

        public Einheit getZiel()          { return objZiel; }
        public int getEingang()           { return intEingang; }
}
```

```java
                                      Band.java
package hrl;

/**
Beschreibt ein Band.
*/

public class Band extends Einheit        {

        protected static long    lfdNr = 0;
        protected long                          longNummer;

        public Band(int pintLaenge, int pintRichtung, int pintSpeed)      {
                super(pintLaenge,pintRichtung,pintSpeed);

                // Durchnummerieren der Bänder
                longNummer = lfdNr++;
        }

        public Band(int pintLaenge, int pintRichtung)    {
                this(pintLaenge,pintRichtung,STANDARD_SPEED);
        }

        public long getNummer() { return longNummer; }


        public String toString()              {
                StringBuffer     objString = new StringBuffer("");
                objString.append(classname());
                objString.append("[");
                objString.append("#");                    objString.append(longNummer);
                objString.append(";");
                objString.append("Länge=");        objString.append(intLaenge);
                objString.append(";");
                objString.append("Belegung=");    objString.append(intAnzahl);
                objString.append("]");
                return objString.toString();
                        }
}
```

```java
package hrl;

import java.awt.*;

/**
Beschreibt ein Band.
*/

public class BandGrafisch extends Band implements Grafisch       {

        public BandGrafisch(int pintLaenge, int pintRichtung)    {
                super(pintLaenge,pintRichtung);
        }

        public void zeichne(LagerCanvas pobjCanvas)      {
                Graphics g = pobjCanvas.getGraphics();
                Lager   objLager = pobjCanvas.getLager();
                int xOffset=pobjCanvas.getXOffset();
                int yOffset=pobjCanvas.getYOffset();
                Rectangle objArea =
pobjCanvas.getPixel(objLager.getBandPosition(this));

                g.setColor(getEinheitFarbe());

//g.fillRect(xOffset+objArea.x,yOffset+objArea.y,objArea.width,objArea.height);

g.drawRect(xOffset+objArea.x,yOffset+objArea.y,objArea.width-1,objArea.height-1)
;
        }

        public Color getEinheitFarbe()   { return new Color(0xC0C0C0); } //
hellgrau

}
```

```
                              Einheit.java
package hrl;

import java.util.Vector;

/**
Die Einheit definiert grundlegende Funktionen der Einheiten.

*/

public class Einheit {

        protected static long    lfdNr = 0;
        protected long                            longNummer;

        protected int            intLaenge;
        // die Länge der Einheit
        protected Platz          aobjPlatz[];
        // da speichern wir alle Plätze
        protected int            intAnzahl;
        // die Anzahl der belegten Plätze
        protected int            intReservierungen;
        // die Anzahl der Reservierungen
        protected int            intRichtung;
        // in welche Richtung bewegen sich die Paletten
        protected int            intSpeed;
        // Geschwindigkeit der Einheit (Schritte pro Zeiteinheit)

        protected Vector         objEingaenge;
        // wo können Paletten herein
        protected Vector         objAusgaenge;
        // wo können Paletten heraus

        // Konstanten für die Richtung
        public static final int          STEHT          = 0;
        public static final int          NACH_LINKS     = 1;
        public static final int          NACH_OBEN      = 2;
        public static final int          NACH_RECHTS    = 3;
        public static final int          NACH_UNTEN     = 4;

        // Geschwindigkeitskonstante
        public static final int          STANDARD_SPEED = 2;


        // KONSTRUTOREN
        public Einheit(int pintLaenge, int pintRichtung, int pintSpeed) {
                intLaenge = pintLaenge;
                intRichtung = pintRichtung;
                // das Array enthält die Regalplätze
                aobjPlatz = new Platz[intLaenge];
                // am Anfang sind sie leer
                for(int i=0; i<intLaenge; ++i)   aobjPlatz[i] = new Platz(i);
                intAnzahl = 0;

                // am Anfang hat die Einheit keine Ein- und Ausgänge, d.h.
                // sie müssen erst spezifiert werden
                objEingaenge = new Vector();
                objAusgaenge = new Vector();

                // Durchnummerieren der Einheiten
                longNummer = lfdNr++;

                // Geschwindigkeit
                intSpeed = pintSpeed;
        }

        public Einheit(int pintLaenge, int pintRichtung)          {
                this(pintLaenge,pintRichtung,STANDARD_SPEED);
        }
```

```
        // wir geben der Einheit Ein- und Ausgänge
        public void addEingang(int pintPosition,Einheit pobjEinheit,int
pintRichtung)    {
addEingangOderAusgang(objEingaenge,pintPosition,pobjEinheit,pintRichtung);
        }
        public void addAusgang(int pintPosition,Einheit pobjEinheit,int
pintRichtung)    {
addEingangOderAusgang(objAusgaenge,pintPosition,pobjEinheit,pintRichtung);
        }
        private void addEingangOderAusgang(Vector objIO,int pintPosition,Einheit
pobjEinheit,int pintRichtung)    {
                objIO.addElement(new
EinheitIO(pintPosition,pobjEinheit,pintRichtung));
        }
        // dazu gibts auch Abfragen
        public int getEingangsposition(Einheit pobjEinheit)       {
                return getIOposition(objEingaenge,pobjEinheit);
        }
        public int getAusgangsposition(Einheit pobjEinheit)       {
                return getIOposition(objAusgaenge,pobjEinheit);
        }
        private int getIOposition(Vector objIO,Einheit pobjEinheit)       {
                EinheitIO objEinheitIO;
                for(int i=0;i<objIO.size();++i) {
                        objEinheitIO = (EinheitIO)objIO.elementAt(i);
                        if (objEinheitIO.getEinheit() == pobjEinheit)      {
                                return objEinheitIO.getPos();
                        }
                }
                return -1;
        }
        public int getEingangsrichtung(Einheit pobjEinheit)       {
                return getIOrichtung(objEingaenge,pobjEinheit);
        }
        public int getAusgangsrichtung(Einheit pobjEinheit)       {
                return getIOrichtung(objAusgaenge,pobjEinheit);
        }
        private int getIOrichtung(Vector objIO,Einheit pobjEinheit)       {
                EinheitIO objEinheitIO;
                for(int i=0;i<objIO.size();++i) {
                        objEinheitIO = (EinheitIO)objIO.elementAt(i);
                        if (objEinheitIO.getEinheit() == pobjEinheit)      {
                                return objEinheitIO.getRichtung();
                        }
                }
                return -1;
        }
        public synchronized boolean eingangFrei(Einheit pobjEinheit)       {
                // eine Palette will von der gegebenen Einheit in diese
                int intPos = getEingangsposition(pobjEinheit);
                if (intPos == -1)        {
                        Log.error(classname()+".eingangFrei(): Die Einheit
"+pobjEinheit+" ist nicht als Eingang für die Einheit "+this+" definiert
worden!");
                        return false;
                }
                return true;
        }


        // Statusabfragen der Einheit
        public boolean isLeer()                     { return (getBelegung()==0); }
        public boolean isVoll()                     { return
(getBelegung()>=intLaenge); }
```

```
                                      Einheit.java
          public boolean isNichtVoll()            { return
(getBelegung()<intLaenge); }
          public int getBelegung()                { return
intAnzahl+intReservierungen; }
          public int getLaenge()                  { return intLaenge; }
          public int getRichtung()                { return intRichtung; }
          public int getSpeed()                   { return intSpeed; }


          public void reserviere()       { ++intReservierungen; }
          public void gibFrei()          { --intReservierungen; }

          public synchronized boolean reserviereNaechsten(int pintPosition)
{
                if (pintPosition>=(getLaenge()-1))          {
                        // Sind wir bereits am Ende der Einheit, dann haben wir
ein
                        // Problem. Wir wissen nun nicht, was wir mit der
"toten"
                        // Palette anstellen sollen. Im Normalfall muß vor dem
                        // Aufruf geprüft werden, ob die Palette ihre
Endeposition
                        // erreicht hat (auch wenn diese am Ende der Einheit
ist).
                        Log.error("SYSTEMFEHLER. Palette
"+aobjPlatz[pintPosition].getPalette()+" ist in der Einheit "+this+" durch die
Lappen gegangen :)");
                        return false;
                }

                // ist die Stelle frei?
                //Log.println(this+": prüft Reservierung bei
"+(pintPosition+1));
                if (aobjPlatz[pintPosition+1].isBelegt())          return false;

                // ist frei, dann reservieren wir die Palette
                //Log.println(this+": reserviert!");
                aobjPlatz[pintPosition+1].reserviere();
                return true;
        }
          public synchronized void freigabe(int pintPosition)     {
                aobjPlatz[pintPosition].freigabe();
        }

        // Einführen einer Palette

        public synchronized boolean paletteEinfuehren(Palette
pobjPalette,Einheit pobjVorherigeEinheit)           {
                // erst suchen wir nach dem Index, an dem die Palette in die
                // Einheit eingeführt werden soll
                int intPos = getEingangsposition(pobjVorherigeEinheit);
                if (intPos == -1)          {
                        Log.error(classname()+".paletteEinfuehren(): Die Einheit
"+pobjVorherigeEinheit+" ist nicht als Eingang für die Einheit "+this+"
definiert worden!");
                        return false;
                }
                // ist die Stelle frei?
                if (aobjPlatz[intPos].isBelegt())          return false;

                // ist frei, dann reservieren/setzen wir die Palette
                if (pobjVorherigeEinheit==null) {
                        aobjPlatz[intPos].setPalette(pobjPalette);
                        intAnzahl++;
                }
                else    {
                        aobjPlatz[intPos].reserviere();
                }
```

```
                              Einheit.java
              return true;
      }


      // Ausführen einer Palette

      public synchronized boolean paletteAusfuehren(Palette
pobjPalette,Einheit pobjNaechsteEinheit)        {
              return false;
      }



      public void setPalette(Palette pobjPalette, int pintPosition)     {
              aobjPlatz[pintPosition].setPalette(pobjPalette);
              intAnzahl++;
      }
      public void loeschePalette(int pintPosition)     {
              aobjPlatz[pintPosition].loeschePalette();
              intAnzahl--;
      }

      public synchronized void verschiebePalette(int pintAktuellePosition)
{
              //Log.println(this+": verschiebe Palette von
"+pintAktuellePosition+" auf "+(pintAktuellePosition+1));
              if (pintAktuellePosition<(getLaenge()-1))        {
                      // nur dann weiterschieben, wenn wir noch innerhalb der
                      // Einheit Platz zum schieben haben

setPalette(aobjPlatz[pintAktuellePosition].getPalette(),pintAktuellePosition+1);
                      // genau zu diesem Zeitpunkt sind zwei Plätze für die
gleiche Palette belegt
              }
              loeschePalette(pintAktuellePosition);
              // jetzt ist die Palette wieder in genau einem Platz
      }

      public int getPalettePosition(Palette pobjPalette)       {
              // existiert die Palette im Regal?
              // wenn nein, dann erhalten wir -1, ansonsten die Position
              for (int i=0;i<intLaenge;++i)     {
                      if (aobjPlatz[i].isPalette(pobjPalette))           return
i;
              }
              return -1;
      }

      public String toString()        {
              StringBuffer      objString = new StringBuffer("");
              objString.append(this.getClass().getName());
              objString.append("[");
              //objString.append("#");         objString.append(longNummer);
              //objString.append(";");
              objString.append("Länge=").append(intLaenge).append(";");
              objString.append("Belegung=").append(intAnzahl).append(";");
objString.append("Richtung=").append((intRichtung==NACH_LINKS)?"links":((intRich
tung==NACH_RECHTS)?"rechts":((intRichtung==NACH_OBEN)?"oben":((intRichtung==NACH
_UNTEN)?"unten":"???")))); 
              objString.append("]");
              return objString.toString();
      }

      protected String classname()     { return this.getClass().getName(); }

      public String dump()     {
              StringBuffer      objString = new StringBuffer("");
              objString.append(this.getClass().getName());
                              Page 4
```

```
                                    Einheit.java
                    objString.append(" [").append("\n");
                    for(int i=0; i<aobjPlatz.length;++i)        {

objString.append("\t").append(aobjPlatz[i]).append("\n");
                    }
                    objString.append("\tLänge=").append(intLaenge).append("\n");
                    objString.append("\tBelegung=").append(intAnzahl).append("\n");

objString.append("\tRichtung=").append((intRichtung==NACH_LINKS)?"links":((intRi
chtung==NACH_RECHTS)?"rechts":((intRichtung==NACH_OBEN)?"oben":((intRichtung==NA
CH_UNTEN)?"unten":"???")))).append("\n");

objString.append("\tReservierungen=").append(intReservierungen).append("\n");
                    objString.append("\tSpeed=").append(intSpeed).append("\n");
                    objString.append("]").append("\n");
                    return objString.toString();
        }


}


/**
Diese private Klasse spezifiert einen Ein- oder Ausgang einer Einheit.

*/
class EinheitIO {
        private int                     intPosition;
        private Einheit objEinheit;
        private int                     intRichtung;

        // in der aktuellen Einheit bei pintPosition gehts weiter
        // in intRichtung zur pobjEinheit
        public EinheitIO(int pintPosition,Einheit pobjEinheit, int pintRichtung)
        {
                intPosition     = pintPosition;
                objEinheit      = pobjEinheit;
                intRichtung     = pintRichtung;
        }

        public int getPos()     { return intPosition; }
        public Einheit getEinheit()     { return objEinheit; }
        public int        getRichtung()   { return intRichtung; }
}
```

```java
                                    Grafisch.java
package hrl;

import java.awt.Color;

/**
Die Schnittstelle Grafisch definiert allgemeine Funktionen für
alle grafisch erweiterten Einheiten, um vom LagerCanvas aus die
Zeichenfunktionen benutzen zu können.
*/

public interface Grafisch {

        public abstract void zeichne(LagerCanvas pobjCanvas);

        public abstract Color getEinheitFarbe();
}
```

```
package hrl;

import java.awt.Dimension;
import java.awt.Rectangle;
import java.util.Vector;

/**
Beschreibt ein Lager mit den Regalen, Förderbändern und Fahrstühlen.

Das Layout des Lagers ist wie folgt:
In der Mitte läuft das "Einbring"-Förderband, davon abgehend auf
beiden Seiten die Regale (daher sind immer eine geradzahlige Anzahl
davon vorhanden). An deren Enden jeweils rechts und links ein
Fahrstuhl, der eine Palette flink entweder auf das obere oder untere
Förderband liefert. Das untere Förderband auf jeder Seite
transportiert Paletten wieder zurück aufs "Einbring"-Förderband, um
Paletten erneut einsortieren zu können. Oben haben wir zwei
Förderbänder, die max zwei LKW bedienen können. Anhand der
Vorfahrtsregelung werden die Paletten den LKWs zugeteilt.

Layout des Lagers siehe LagerCanvas.java

*/

public class Lager       {

        private RegalGrafisch          aobjRegale[][];
        private BandGrafisch           aobjBaender[];
        //private Fahrstuhl            aobjFahrstuehle[];
        private LKWs                   objLKWs;

        private int                    intRegalbreite,intRegaltiefe;
        private Vector                 objPaletten;
        private long
intEingefuehrtePaletten,intAusgefuehrtePaletten;
        private Vector                 objAnforderungen;

        public static final int  LINKS  = 0;
        public static final int  RECHTS = 1;

        public static final int EINSORTIERBAND     = 0;
        public static final int LINKS_ZUM_LKW      = 1;
        public static final int RECHTS_ZUM_LKW     = 2;
        public static final int RUECKLAUF_LINKS    = 3;
        public static final int RUECKLAUF_RECHTS   = 4;

        public Lager(int pintRegalbreite,int pintRegaltiefe)     {
                // REGALE
                intRegalbreite = pintRegalbreite;
                intRegaltiefe  = pintRegaltiefe;
                aobjRegale = new RegalGrafisch[2][intRegaltiefe];
                for (int i=0; i<intRegaltiefe; ++i)       {
                        aobjRegale[LINKS][i] = new
RegalGrafisch(pintRegalbreite,Regal.NACH_LINKS,null);
                        aobjRegale[RECHTS][i] = new
RegalGrafisch(pintRegalbreite,Regal.NACH_RECHTS,null);
                }
                // BÄNDER
                aobjBaender = new BandGrafisch[5];
                aobjBaender[EINSORTIERBAND]        = new
BandGrafisch(2+intRegaltiefe,Band.NACH_OBEN);
                aobjBaender[LINKS_ZUM_LKW]         = new
BandGrafisch(intRegalbreite,Band.NACH_RECHTS);
                aobjBaender[RECHTS_ZUM_LKW]   = new
BandGrafisch(intRegalbreite,Band.NACH_LINKS);
                aobjBaender[RUECKLAUF_LINKS]   = new
BandGrafisch(1+intRegalbreite,Band.NACH_RECHTS);
                aobjBaender[RUECKLAUF_RECHTS]   = new
BandGrafisch(1+intRegalbreite,Band.NACH_LINKS);
```

```
                                   Lager.java
          // FAHRSTÜHLE
          //aobjFahrstuehle       = new Fahrstuhl[2];

          // LKWs
          objLKWs = new LKWs();    // immer 3 breit

          // wir ordnen den Einheiten Ein- und Ausgänge zu
          aobjBaender[EINSORTIERBAND].addEingang(0,null,Band.NACH_OBEN);
// System-Eingang

aobjBaender[EINSORTIERBAND].addEingang(1,aobjBaender[RUECKLAUF_LINKS],Band.NACH_
RECHTS);

aobjBaender[EINSORTIERBAND].addEingang(1,aobjBaender[RUECKLAUF_RECHTS],Band.NACH
_LINKS);

aobjBaender[RUECKLAUF_LINKS].addAusgang(intRegalbreite,aobjBaender[EINSORTIERBAN
D],Band.NACH_RECHTS);

aobjBaender[RUECKLAUF_RECHTS].addAusgang(intRegalbreite,aobjBaender[EINSORTIERBA
ND],Band.NACH_LINKS);

          for (int i=0; i<intRegaltiefe; ++i)      {

aobjRegale[LINKS][i].addEingang(0,aobjBaender[EINSORTIERBAND],Regal.NACH_LINKS);

aobjRegale[RECHTS][i].addEingang(0,aobjBaender[EINSORTIERBAND],Regal.NACH_RECHTS
);

aobjBaender[EINSORTIERBAND].addAusgang(2+i,aobjRegale[LINKS][i],Regal.NACH_LINKS
);

aobjBaender[EINSORTIERBAND].addAusgang(2+i,aobjRegale[RECHTS][i],Regal.NACH_RECH
TS);
          }

aobjBaender[EINSORTIERBAND].addAusgang(1+intRegaltiefe,objLKWs,LKWs.NACH_OBEN);
// LKW-Ausgang

objLKWs.addEingang(1,aobjBaender[EINSORTIERBAND],LKWs.NACH_OBEN);          //
LKW-Ausgang

          // PALETTEN
          objPaletten = new Vector();
          intEingefuehrtePaletten=0;
          intAusgefuehrtePaletten=0;

          // ANFORDERUNGEN (das was LKWs haben möchten)
          objAnforderungen = new Vector();
     }
     public Vector getRegale()        {
          Vector objRegale = new Vector();
          for (int i=0; i<intRegaltiefe; ++i)      {
               objRegale.addElement(aobjRegale[LINKS][i]);
               objRegale.addElement(aobjRegale[RECHTS][i]);
          }
          return objRegale;
     }

     public Vector getBaender()       {
          Vector objBaender = new Vector();
          objBaender.addElement(aobjBaender[EINSORTIERBAND]);
          objBaender.addElement(aobjBaender[LINKS_ZUM_LKW]);
          objBaender.addElement(aobjBaender[RECHTS_ZUM_LKW]);
          objBaender.addElement(aobjBaender[RUECKLAUF_LINKS]);
          objBaender.addElement(aobjBaender[RUECKLAUF_RECHTS]);
          return objBaender;
                         Page 2
```

```
                              Lager.java
        }

        public Vector getPaletten()          { return objPaletten; }
        public int getAnzahlPaletten()    { return objPaletten.size(); }
        public long getBisherEingefuehrt()      { return
intEingefuehrtePaletten;}
        public long getBisherAusgefuehrt()       { return
intAusgefuehrtePaletten;}


        /**
        Hier wird eine neue Palette dem System hinzugeführt.

        Das EINSORTIERBAND wird gefragt, ob eine neue Palette rein darf oder
        nicht. Ist frei, wird sie dem EINSORTIERBAND überstellt, die Palette
        in den ersten Platz gestellt und losgeschickt.
        */
        public synchronized boolean neuePalette(Palette pobjPalette)      {
                // Teilt dem Lager mit, daß eine neue Palette ins System
                // eingeführt wird. Sie kommt aufs Einsortierband.

                Log.println("Neue Palette "+pobjPalette+" im Lager:");
                while
(!aobjBaender[EINSORTIERBAND].paletteEinfuehren(pobjPalette,null))      {
                        // solange nicht zugeteilt werden kann, warten wir kurz
                        // und versuchen es erneut
                        try { Thread.currentThread().sleep(100); } catch
(InterruptedException ie) {}
                }

                // ist eine Anforderung vorhanden, gib sie gleich der Palette
                //if (anforderungVorhanden(pobjPalette))          {
                //        pobjPalette.neuerAuftrag(Palette.DIREKT);
                //        uebernehmeAnforderung(pobjPalette.getWare());
                //        Log.println("\tbekam sofort den Auftrag, direkt
geliefert zu werden.");
                //}
                //else {

                        // Ziel suchen
                        RegalGrafisch objRegalPassend =
getRegal(pobjPalette.getWare());
                        if (objRegalPassend != null)      {
                                objRegalPassend.reserviere();    // vermerke, daß
das Regal eine Palette erwartet

                                // damit die Palette von einem definierten
Zustand
                                // beginnen kann, ist der erste Auftrag die
                                // Standortbestimmung der Palette

pobjPalette.neuerAuftrag(aobjBaender[EINSORTIERBAND]);

                                // die Zieleinheit teilen wir der Palette als
Auftrag mit
                                pobjPalette.neuerAuftrag(objRegalPassend);
                                Log.println("\tkommt in Regal
"+objRegalPassend);
                        }
                        else   {
                                // wurde kein Regal gefunden, müssen wir
zwingend eines der
                                // Auslagerregale ausleeren

                                // NOT IMPLEMENTED YET
                                Log.error("Alle Regale belegt!
Zwischenlagerregale müssten geleert werden!");
                                Log.error("Program terminated");
                              Page 3
```

```
                          Lager.java
                  System.exit(4711);
                }
        //}
        objPaletten.addElement(pobjPalette);
        intEingefuehrtePaletten++;
        //Log.println("\tins System gebracht.");
        return true;
}

/**
Der LKW teilt dem Lager mit, daß er die gegebene Ware benötigt.
*/
public synchronized void bestelleWare(Ware pobjWare)       {
        objAnforderungen.addElement(pobjWare);
}
public synchronized void uebernehmeWare(Ware pobjWare)    {
        objAnforderungen.removeElement(pobjWare);
}

/**
Der LKW teilt dem Lager mit, daß er eine bestellte Palette erhalten hat.
*/
public synchronized void ausgeliefertePalette(Palette pobjPalette)
{
        // eine ausgelieferte Palette gehört aus dem System heraus
        objPaletten.removeElement(pobjPalette);
}

/**
Wenn eine Palette neu ins System kommt, dann wird geprüft, ob für
sie gleich ein Auslieferwunsch vorliegt
*/
public synchronized boolean anforderungVorhanden(Palette pobjPalette)
{
        for (int i=0; i<objAnforderungen.size(); ++i)    {
                if
(((Ware)objAnforderungen.elementAt(i)).equals(pobjPalette.getWare()))    return
true;
        }
        return false;
}

public synchronized RegalGrafisch getRegal(Ware pobjWare)        {
        //Log.println("\nSuche Regal für "+pobjWare+" ...");
        // liefert das Regal, das zur gegebenen Ware paßt
        // ist es bereits voll, wird es übergangen

        // Wir reduzieren die Regaltiefe um 1, da die letzten beiden
        // Regale die Auslagerregale sind und keine feste Warensorte
        // haben
        for (int i=0; i<(intRegaltiefe-1); ++i) {
                //Log.println("\t\t"+aobjRegale[LINKS][i]);
                if (aobjRegale[LINKS][i].isGleicheWare(pobjWare) &&
aobjRegale[LINKS][i].isNichtVoll())    {
                        //Log.println("\tVorhandenes Regal
"+aobjRegale[LINKS][i]+" gefunden.");
                        return aobjRegale[LINKS][i];
                }
                //Log.println("\t\t"+aobjRegale[RECHTS][i]);
                if (aobjRegale[RECHTS][i].isGleicheWare(pobjWare) &&
aobjRegale[RECHTS][i].isNichtVoll())     {
                        //Log.println("\tVorhandenes Regal
"+aobjRegale[RECHTS][i]+" gefunden.");
                        return aobjRegale[RECHTS][i];
                }
        }
        //Log.println("\tKeins mit der Sorte gefunden");
        // gibt es kein Regal mit der Warensorte, dann definieren wir
```

```java
                                    Lager.java
            // einfach das nächst freie Regal mit dieser Warensorte.
            // Wir reduzieren die Regaltiefe um 1, da die letzten beiden
            // Regale die Auslagerregale sind und keine feste Warensorte
            // haben
            for (int i=0; i<(intRegaltiefe-1); ++i) {
                        //Log.println("\t\t"+aobjRegale[LINKS][i]);
                        if (aobjRegale[LINKS][i].isLeer() &&
!aobjRegale[LINKS][i].hasSorte())           {
                                    aobjRegale[LINKS][i].setSorte(pobjWare);
                                    //Log.println("\tLeeres Regal
"+aobjRegale[LINKS][i]+" gefunden.");
                                    return aobjRegale[LINKS][i];
                        }
                        //Log.println("\t\t"+aobjRegale[RECHTS][i]);
                        if (aobjRegale[RECHTS][i].isLeer() &&
!aobjRegale[RECHTS][i].hasSorte())           {
                                    aobjRegale[RECHTS][i].setSorte(pobjWare);
                                    //Log.println("\tLeeres Regal
"+aobjRegale[RECHTS][i]+" gefunden.");
                                    return aobjRegale[RECHTS][i];
                        }
            }
            //Log.println("\tKein leeres Regal mehr");

            // ist keines leer, dann werden die beiden Auslagerregale
geprüft
            // das weniger belegte Regal wird dann bevorzugt
            RegalGrafisch objRegalLinks    =
aobjRegale[LINKS][intRegaltiefe-1];
            RegalGrafisch objRegalRechts   =
aobjRegale[RECHTS][intRegaltiefe-1];
            if (objRegalLinks.isVoll() && objRegalRechts.isVoll())   {
                        // MAYDAY! Die Palette kann nicht eingelagert werden.
Das
                        // Lager muß nun erst die Auslagerregale leeren.und
keine neuen
                        // Paletten mehr hereinlassen
                        Log.println("\tMAYDAY! Kein Regal gefunden.");
                        return null;
            }
            else if (objRegalLinks.isVoll())        {
                        // Linkes Regal ist voll, also rechtes nehmen
                        //Log.println("\tLinkes Zwischenlagerregal
"+objRegalRechts+" gefunden.");
                        return objRegalRechts;
            }
            else if (objRegalRechts.isVoll())       {
                        // Rechtes Regal ist voll, also linkes nehmen
                        //Log.println("\tRechtes Zwischenlagerregal
"+objRegalLinks+" gefunden.");
                        return objRegalLinks;
            }
            else    {
                        // beide haben Platz, dann das mit weniger Belegung
nehmen
                        //Log.println("\tEin Zwischenlagerregal gefunden.");
                        return
(objRegalRechts.getBelegung()<objRegalLinks.getBelegung())?objRegalRechts:objReg
alLinks;
            }

    }


    public Dimension getGroesse()    {
            return new
Dimension(1+intRegalbreite+1+intRegalbreite+1,2+intRegaltiefe+2);
    }
```

```
                              Lager.java
        public int getRegalbreite()     { return intRegalbreite; }
        public int getRegaltiefe()          { return intRegaltiefe; }


        // um uns mit Positions- und Größenangaben der Einheiten leichter
        // zu tun, gibt es hier nun mehrere Funktionen für die grafischen
        // Einheiten
        // Alle relativen Angaben beginnen bei 0

        public Rectangle getRegalPosition(RegalGrafisch pobjRegal)          {
                if (pobjRegal == null)   return null;
                int x=0,y=0,w=0,h=0;
                Dimension objGroesse = getGroesse();

                // Aufteilung aller Einheiten siehe Kommentar bei
LagerCanvas.java
                // für das gefundene Regal die relative Position ermitteln
                for (int i=0; i<intRegaltiefe; ++i)        {
                        if (aobjRegale[LINKS][i] == pobjRegal) {
                                x=1; y=objGroesse.height-3-i; w=intRegalbreite;
h=1; break;
                        }
                        if (aobjRegale[RECHTS][i] == pobjRegal) {
                                x=2+intRegalbreite; y=objGroesse.height-3-i;
w=intRegalbreite; h=1; break;
                        }
                }
                if (h==0)          return null;              // Bug :) Sollte nie
vorkommen.
                return new Rectangle(x,y,w,h);
        }

        public synchronized Rectangle getPalettePosition(Palette pobjPalette)
{
                if (pobjPalette == null)         return null;
                int x=-1,y=0,pos,intRichtung;
                Dimension objGroesse = getGroesse();

                // Aufteilung aller Einheiten siehe Kommentar bei
LagerCanvas.java
                // die Palette kennt ihren Standort:
                Einheit objEinheit = pobjPalette.getAktuelleEinheit();
                int intPosition = pobjPalette.getAktuellePosition();

                // ermitteln wir die Position der Einheit
                Rectangle objRectEinheit=null;
                if (objEinheit instanceof Regal)           {
                        objRectEinheit =
getRegalPosition((RegalGrafisch)objEinheit);
                }
                else if (objEinheit instanceof Band)       {
                        objRectEinheit =
getBandPosition((BandGrafisch)objEinheit);
                }
                if (objRectEinheit == null)      return null;           // Bug
:) Sollte nie vorkommen.
                x=objRectEinheit.x; y=objRectEinheit.y;
                intRichtung = objEinheit.getRichtung();

                // aus den Abmessungen der Einheit und der Position läßt sich
                // nun die Position am Gesamtlager ermitteln
                if (intRichtung == Einheit.NACH_RECHTS) {
                        x += intPosition;
                }
                else if (intRichtung == Einheit.NACH_LINKS)         {
                        x += objEinheit.getLaenge() - 1 - intPosition;
                                Page 6
```

```
                              Lager.java
           }
           else if (intRichtung == Einheit.NACH_UNTEN)     {
                 y += intPosition;
           }
           else if (intRichtung == Einheit.NACH_OBEN)      {
                 y += objEinheit.getLaenge() - 1 - intPosition;
           }

           Rectangle objRectPalette = new Rectangle(x,y,1,1);
           return objRectPalette;
       }

       public Rectangle getBandPosition(BandGrafisch pobjBand) {
           if (pobjBand == null)     return null;
           int x=0,y=0,w=0,h=0;
           Dimension objGroesse = getGroesse();
           // Aufteilung aller Einheiten siehe Kommentar bei
LagerCanvas.java

           // da die Bänder alle unterschiedlich liegen, werden sie
           // einzeln behandelt
           if (pobjBand == aobjBaender[EINSORTIERBAND])     {
                 w=1; h=aobjBaender[EINSORTIERBAND].getLaenge();
                 x=1+intRegalbreite; y=objGroesse.height-h;
           }
           else if (pobjBand == aobjBaender[LINKS_ZUM_LKW])          {
                 w=aobjBaender[LINKS_ZUM_LKW].getLaenge(); h=1;
                 x=0; y=1;
           }
           else if (pobjBand == aobjBaender[RECHTS_ZUM_LKW])         {
                 w=aobjBaender[RECHTS_ZUM_LKW].getLaenge(); h=1;
                 x=3+intRegalbreite; y=1;
           }
           else if (pobjBand == aobjBaender[RUECKLAUF_LINKS])        {
                 w=aobjBaender[RUECKLAUF_LINKS].getLaenge(); h=1;
                 x=0; y=objGroesse.height-2;
           }
           else if (pobjBand == aobjBaender[RUECKLAUF_RECHTS]) .     {
                 w=aobjBaender[RUECKLAUF_RECHTS].getLaenge(); h=1;
                 x=2+intRegalbreite; y=objGroesse.height-2;
           }
           else     {
                 return null;     // Bug :) Sollte nie vorkommen.
           }
           return new Rectangle(x,y,w,h);
       }
   }


/*
       public void textAusgabe()       {
           // wir füllen erst mal ein 2dim-Char-Array
           // die Breite ergibt sich aus drei Förderbändern plus 2x
Regalbreite
           // die Höhe ergibt sich aus Regaltiefe, 2 Förderbändern,
LKW-Ausgang und Paletteneingang
           int intBreite   = 3 + 2*intRegalbreite;
           int intHoehe    = 4 + intRegaltiefe;

           char charAusgabe[][] = new char[intBreite][intHoehe];
           // vorab mit Leerzeichen füllen
           for (int y=0; y<intHoehe; ++y)   for (int x=0; x<intBreite; ++x)
charAusgabe[x][y] = ' ';

           // Fahrstühle links und rechts
           for (int i=0; i<intRegaltiefe; ++i)      {
                 charAusgabe[0][i+2] = '|';
charAusgabe[intBreite-1][i+2] = '|';
           }
```

```
                                    Lager.java
                    // die fünf Förderbänder, wobei sich zwei überschneiden
                    for (int i=0; i<(2+intRegaltiefe); ++i) charAusgabe[1 +
intRegalbreite][intHoehe-i-1] = '^';
                    for (int i=0; i<intRegalbreite; ++i)
charAusgabe[1+i][intHoehe-2] = '>';
                    for (int i=0; i<intRegalbreite; ++i)
charAusgabe[intBreite-i-2][intHoehe-2] = '<';
                    for (int i=0; i<1+2*intRegalbreite; ++i)
charAusgabe[1+i][1] = 'x';

                    // LKWs
                    charAusgabe[1+intRegalbreite-4][0] = '|';
charAusgabe[1+intRegalbreite+4][0] = '|';
                    charAusgabe[1+intRegalbreite-3][0] = '#';
charAusgabe[1+intRegalbreite+3][0] = '#';
                    charAusgabe[1+intRegalbreite-2][0] = '|';
charAusgabe[1+intRegalbreite+2][0] = '|';

                    // die Regale

                    for (int y=0; y<intRegaltiefe; ++y)      {
                        for (int x=1; x<=intRegalbreite; ++x)    {
                            charAusgabe[1+intRegalbreite-x][intHoehe-3-y] =
'_';
                            charAusgabe[1+intRegalbreite+x][intHoehe-3-y] =
'_';
                        }
                    }


                    // schließlich den Spaß ausgeben
                    for (int y=0; y<intHoehe; ++y)   {
                        for (int x=0; x<intBreite; ++x)  {
                            System.out.print(charAusgabe[x][y]);
                        }
                        System.out.println("");
                    }
           }
*/

}
```

```
                              LagerCanvas.java
package hrl;

import java.awt.*;
import java.util.Vector;

/**
Die grafische Fläche des Regalsystems.

Schematischer Aufbau im Raster für Lager(10,6):

              1         2
       01234567890123456789012

 0           L L
 1     BBBBBBBBBBBBBBBBBBBBBBBB
 2     FRRRRRRRRRRBRRRRRRRRRRRF
 3     FRRRRRRRRRRBRRRRRRRRRRRF
 4     FRRRRRRRRRRBRRRRRRRRRRRF
 5     FRRRRRRRRRRBRRRRRRRRRRRF
 6     FRRRRRRRRRRBRRRRRRRRRRRF
 7     FRRRRRRRRRRBRRRRRRRRRRRF
 8     BBBBBBBBBBBBBBBBBBBBBBBB
 9                B

B = Band, R=Regalplatz, F=Fahrstuhl, L=LKW

*/

public class LagerCanvas extends Canvas {

        private Lager    objLager;
        private int              intScale;           // Skalierungsfaktor muß
ganzzahlig sein (verhindert Rundungsfehler)
        private int              intXOffset;
        private int              intYOffset;

        public LagerCanvas(Lager pobjLager)    {
                super();
                objLager = pobjLager;
                intScale = 10;
                intXOffset=0;   intYOffset=0;
        }

        public Lager getLager() { return objLager; }
        public int getXOffset() { return intXOffset; }
        public int getYOffset() { return intYOffset; }

        public void update(Graphics g)   {
                // wir überschreiben update(), da das Objekt nicht immer
                // gelöscht werden soll
                g.setColor(getForeground());
                paint(g);
        }
        public void paint(Graphics g)    {
                // Größe des Canvas ermitteln
                Dimension objPixelSize = getSize();
                // damit Skalierung berechnen
                calcScale(objPixelSize);

                // die berechnete Größe in Pixel fürs Lager
                Dimension objGroesse = objLager.getGroesse();
                int intPixelBreite    = objGroesse.width * intScale;
                int intPixelHoehe              = objGroesse.height * intScale;

                // die berechnete Ausrichtung des Lagers im Canvas
                intXOffset = (objPixelSize.width-intPixelBreite) / 2;
                intYOffset = (objPixelSize.height-intPixelHoehe) / 2;
```

```
                      LagerCanvas.java
            // da paint() von update() aufgerufen wird und update() das
            // Canvas mit der Hintergrundfarbe (hier weiß) bereits gelöscht
            // hat, brauchen wir nur noch das ganze Gestell hinmalen

            // Regale malen
            zeichneEinheiten(objLager.getRegale());

            // Bänder malen
            zeichneEinheiten(objLager.getBaender());

            // zum Schluß alle unbeweglichen Paletten malen
            zeichneEinheiten(objLager.getPaletten());
      }

      private void zeichneEinheiten(Vector objEinheiten)       {
            for(int i=0;i<objEinheiten.size(); ++i) {
                  ((Grafisch)objEinheiten.elementAt(i)).zeichne(this);
            }
      }

      // Skalierungsfunktionen
      private synchronized void calcScale(Dimension pobjPixelSize)      {
            // da das Lagersystem schachbrettartig aufgebaut wird, errechnen
            // wir anhand der momentanen Canvas-Größe den Skalierungsfaktor
            // für alle Elemente. Damit das Seitenverhältnis des
            // Lagersystems beibehalten bleibt, muß das Seitenverhältnis des
            // Lagers in das des Canvas eingepaßt werden
            // Das Skalierungsverhältnis ist für alle anderen grafischen
            // Elemente ebenso von Bedeutung, so daß dieser Wert allen zur
            // Verfügung gestellt wird.

            Dimension objGroesse = objLager.getGroesse();
            double dblPixelScale = 1.0 * pobjPixelSize.width /
pobjPixelSize.height;
            double dblLagerScale = 1.0 * objGroesse.width /
objGroesse.height;

            double dblScale;
            if (dblPixelScale > dblLagerScale)        {
                  // Breite zu Höhe beim Canvas größer, d.h. Höhe des
Lagers entscheidend
                  dblScale = 1.0 * pobjPixelSize.height /
objGroesse.height;
            }
            else    {
                  // Breite zu Höhe beim Canvas kleiner, d.h. Breite des
Lagers entscheidend
                  dblScale = 1.0 * pobjPixelSize.width / objGroesse.width;
            }
            intScale = (int)dblScale;
      }

      public int getScale()    { return intScale; }

      public int getPixel(int pintSize)        {
            return pintSize*intScale;
      }

      public Rectangle getPixel(Rectangle pintArea)    {
            if (pintArea==null)        return null;
            return new
Rectangle(getPixel(pintArea.x),getPixel(pintArea.y),getPixel(pintArea.width)-1,g
etPixel(pintArea.height)-1);
      }
}
```

```
package hrl;

/**
LKWs. Die abholenden LKWs wurden der Einfachheit halber zusammengefaßt.
Sobald eine Palette hier eingestellt wird, ist sie aus dem System
entfernt und auf einen der LKWs geladen.
*/

public class LKWs extends Einheit {

        public LKWs()    {
                super(3,LKWs.NACH_LINKS);
        }

}
```

```java
                                    Log.java
package hrl;

import java.io.PrintStream;
import java.io.FileOutputStream;
import java.io.IOException;
import java.text.SimpleDateFormat;
import java.util.Date;

/**

Log - zum Mitprotokollieren

*/

public class Log          {
        private static String          strFilename     = "Hochregallager.log";
        private static Log             objLog          = null;
        private static PrintStream     objThisStream   = null;

        private static SimpleDateFormat objDateFormat = new
SimpleDateFormat("dd-MMM-yyyy HH:mm:ss.SSS");

        private static final boolean   NEWLINE         = true;
        private static final boolean   NO_NEWLINE      = false;

        // KONSTRUKTOR

        private Log()     {
                try       {
                        objThisStream = new PrintStream(new
FileOutputStream(strFilename,false));          // we always append
                        objThisStream.println("--- "+getTimestamp()+" ---");
                }
                catch (IOException ioe) {
                    System.err.println("Die Logdatei '"+strFilename+"' konnte nicht
geöffnet werden. Ausgabe nun nach STDERR.");
                        strFilename = null;
                        objThisStream = System.err;
                }
            System.err.println("Logging aktiv, nach "+(strFilename ==
null?"<STDERR>":strFilename));
        }

        protected void finalize() throws Throwable     {
                if (objThisStream != null && objThisStream != System.err)
objThisStream.close();
                super.finalize();
        }


        // Arbeitet als Singleton (aus "Entwurfsmuster", Erich Gamma et al,
Addison Wesley, ISBN 3-89319-950-0)
        public static void init(String pstrFilename)   {
                strFilename = pstrFilename;
                objLog = new Log();
        }
        public static void init()        {
                init(strFilename);
        }

        public static void print(String pstrLog)          {
                output(pstrLog,NO_NEWLINE);
        }
        public static void println(String pstrLog)        {
                output(pstrLog,NEWLINE);
```

```
        }

        public static void error(String pstrLog)            {
                output("ERROR: "+pstrLog,NEWLINE);
        }

        private synchronized static void output(String pstrLog,boolean
pboolNewline)   {
                if (objLog == null)       init();
                // mit oder ohne Newline ausgeben
                if (pboolNewline)         {
                        objThisStream.println(pstrLog);
                }
                else    {
                        objThisStream.print(pstrLog);
                }
                objThisStream.flush();
        }

        private static String getTimestamp()      {
                return objDateFormat.format(new Date());
        }

}
```

```
package hrl;

/**
Hilft dem QuitHandler der main()-Klasse bei der Bereitstellung eines
quit()-Aufrufs zum Beenden der Anwendung.
*/

public interface MainObject {
        public abstract void quit();
}
```

```
                                    Palette.java
package hrl;

import java.util.Vector;

/**
Beschreibt eine Palette und bietet Funktionen zur Standortbestimmung.

*/

public class Palette    extends Thread {

        private static long     lfdNr = 0;
        private long            longNummer;

        private Ware            objWare;                // welche Ware hat die
Palette geladen

        protected Einheit       objAktuelleEinheit;     // in welcher Einheit
befindet sich die Palette gerade?
        protected int           intAktuellePosition;    // an welcher Stelle in
der Einheit befindet sich die Palette?

        private Vector          objAuftraege;           // die Auftraege der
Palette


        // KONSTRUKTOREN

        public Palette(Ware pobjWare)    {
                // zu Beginn bekommt die Palette natürlich ihre Ware
                objWare = pobjWare;

                // zwecks Altersbestimmung erhalten Paletten eine laufende
                // Nummer. Je kleiner diese ist, desto älter ist die Palette.
                longNummer = lfdNr++;

                objAuftraege = new Vector();

                objAktuelleEinheit = null;      intAktuellePosition = -1;
        }

        public long getNummer() { return longNummer; }
        public Ware getWare()   { return objWare; }
        public synchronized Einheit getAktuelleEinheit()        { return
objAktuelleEinheit; }
        public synchronized int getAktuellePosition()   { return
intAktuellePosition; }

        /**
        Zuteilung eines neuen Auftrages. Wird von Lager.java erteilt.
        */
        public synchronized void neuerAuftrag(Einheit pobjNaechsteEinheit)
{
                // die Palette erhält einen neues Ziel als Auftrag
                objAuftraege.addElement(pobjNaechsteEinheit);
                this.notify();          // wecke die Palette, weil es wieder was
zu tun gibt
                //Log.println("Neuer Auftrag für Palette "+this+" erteilt:
"+pobjNaechsteEinheit);
        }
        public synchronized Einheit naechsterAuftrag()  {
                if (objAuftraege.size()==0)     return null;
                Einheit objEinheit = (Einheit)objAuftraege.elementAt(0);
                objAuftraege.removeElementAt(0);
                return objEinheit;
        }
        private synchronized boolean hasAuftrag()       {
                return (objAuftraege.size()>0);
                                        Page 1
```

```
                              Palette.java
    }

    // Animiere die Fortbewegung der Palette
    public void run()        {
         while(true)       {
              Log.println(this+": LOOP startet, hat
"+objAuftraege.size()+" Aufträge.");
              // gibts nen neuen Auftrag?
              while (hasAuftrag())      {
                   // Ja!
                   // Wir stehen am Anfang einer Einheit; nun gilt
es, durch
                   // die Einheit zu fahren, bis wir am gewünschten
Ende
                   // ankommen und wechseln schließlich Einheit
                   Einheit objNaechsteEinheit = naechsterAuftrag();
                   //Log.println(this+": Neuer Auftrag:
"+objNaechsteEinheit);
                   if (objAktuelleEinheit==null)    {
                        // steht die Palette momentan nirgends,
dann kommt sie
                        // frisch ins System. Sie steht bereits
dort.
                        intAktuellePosition =
objNaechsteEinheit.getEingangsposition(objAktuelleEinheit);
                        objAktuelleEinheit = objNaechsteEinheit;
                        // erledigt, nächster Auftrag bitte
                        Log.println(this+": wurde sofort gesetzt
in "+objAktuelleEinheit+" an Position "+intAktuellePosition);
                   }
                   else     {
                        // ermitteln wir die Endeposition
                        int intEndePosition =
objAktuelleEinheit.getAusgangsposition(objNaechsteEinheit);
                        //Log.println(this+": Endeposition
"+intEndePosition+" in Einheit "+objAktuelleEinheit);
                        while(true)      {
                             // wir laufen solange, bis die
Palette ihren Ausgang
                             // erreicht hat
                             //Log.println(this+": gerade bei
"+intAktuellePosition);

                             // hat die Palette bereits ihr
gewünschtes Ende erreicht?
                             if (intAktuellePosition ==
intEndePosition)        {
                                  break;
                             }

                             // Erreichbarkeit prüfen und
nächste Position reservieren
//Log.println(objAktuelleEinheit.dump());
                             while
(!objAktuelleEinheit.reserviereNaechsten(intAktuellePosition))    {
                                  //Log.println(this+":
wartet jetzt auf freien Platz");
                                  warte();
                             }

                             // es ist frei, also fahren wir
weiter
                             //Log.println(this+": weiter auf
"+objAktuelleEinheit);
bewegeWeiter(objAktuelleEinheit.getRichtung());
                                  intAktuellePosition++;
                              Page 2
```

```
                          Palette.java
                                      // die Reservierung aufheben
objAktuelleEinheit.freigabe(intAktuellePosition);
                                      }
                                      // Nun bewegen wir uns von der alten
Endposition
                                      // in die neue Richtung auf die neue,
bereits
                                      // bei der Auftragserteilung reservierte
Position

bewegeWeiter(objAktuelleEinheit.getAusgangsrichtung(objNaechsteEinheit));
                                      // bin ich dort, dann ist die neue
Einheit an der
                                      // neuen Position die aktuelle Position
                                      intAktuellePosition =
objNaechsteEinheit.getEingangsposition(objAktuelleEinheit);
                                      objAktuelleEinheit = objNaechsteEinheit;
                                      // die Reservierung der Einheit ist dann
hinfällig
                                      objAktuelleEinheit.gibFrei();
                                      // schließlich noch die Palette in der
neuen Einheit setzen

objAktuelleEinheit.setPalette(this,intAktuellePosition);
                                      //Log.println(this+": jetzt in
"+objAktuelleEinheit+" an Position "+intAktuellePosition);

                                      // Sonderfall: Da ein Regal vom Ende her
gefüllt wird,
                                      // müssen wir bis zum letztmöglichen
Platz vorfahren
                                      if (objAktuelleEinheit instanceof
RegalGrafisch)  {
                                          while
(objAktuelleEinheit.reserviereNaechsten(intAktuellePosition))  {
                                              // es ist frei, also
fahren wir weiter
                                              //Log.println(this+":
weiter auf "+objAktuelleEinheit);

bewegeWeiter(objAktuelleEinheit.getRichtung());

                                              intAktuellePosition++;
                                              // die Reservierung
aufheben

objAktuelleEinheit.freigabe(intAktuellePosition);
                                          }
                                      }
                              }
                              // wenn nichts zu tun ist, warte.
                              //if (objAktuelleEinheit!=null)
Log.println(objAktuelleEinheit.dump());
                              Log.println(this+": wartet jetzt auf neue Aufträge.");
                              warte();
                  }
          }

      protected synchronized void bewegeWeiter(int pintRichtung)      {
              // wir bewegen uns von der aktuellen Position der aktuellen
              // Einheit um die angegebene Richtung weiter und beachten dabei
              // die Geschwindigkeit
              // Hier wird NICHT geprüft, ob belegt ist oder nicht
              int intSpeed = 333*objAktuelleEinheit.getSpeed();
              try     { sleep((long)intSpeed); } catch (InterruptedException
ie)      {}
```

```
                              Palette.java
                    verschiebePalette(pintRichtung);
        }
        protected synchronized void verschiebePalette(int pintRichtung) {
                // dann setzen wir die Palette an den neuen Platz und löschen
                // den alten. Behalten wir die Richtung der Einheit bei,
                // verschieben wir die Palette, ansonsten löschen wir sie,
                // da sie die Einheit verläßt
                //Log.println(this+": Einheitsrichtung
"+objAktuelleEinheit.getRichtung()+", gewünschte Richtung "+pintRichtung);
                if (objAktuelleEinheit.getRichtung() == pintRichtung)    {

objAktuelleEinheit.verschiebePalette(intAktuellePosition);
                }
                else    {
                        objAktuelleEinheit.loeschePalette(intAktuellePosition);
                }
                // schließlich alle informieren, daß sich was getan hat
                notifyAll();
        }

        private synchronized void warte()        {
                try    { wait(); } catch (InterruptedException ie)        {}
        }


        public String toString()        {
                return
this.getClass().getName()+"[#"+longNummer+";Ware="+objWare+"]";
        }

}
```

```
                              PaletteGrafisch.java
package hrl;

import java.awt.*;

/**
Palette - grafisch. Nur um eine Zeichenfunktion erweitert.
*/

public class PaletteGrafisch extends Palette implements Grafisch           {

        public PaletteGrafisch(Ware pobjWare)     {
                super(pobjWare);
        }

        LagerCanvas objCanvas = null;

        public synchronized void setCanvas(LagerCanvas pobjCanvas)          {
                objCanvas = pobjCanvas;
        }

        public synchronized void zeichne(LagerCanvas pobjCanvas)          {
                Graphics g = pobjCanvas.getGraphics();
                Lager    objLager = pobjCanvas.getLager();
                Rectangle objArea =
pobjCanvas.getPixel(objLager.getPalettePosition(this));
                groesseAnpassen(objArea);

                zeichnePalette(pobjCanvas,objArea,0,0);
        }

        public Color getEinheitFarbe()    { return getWare().getFarbe(); }
        // Palettenfarbe

        public void groesseAnpassen(Rectangle pobjArea) {
                // die Palette hat im Normalfall die Maße 120cm x 80cm
                // d.h. wir passen es an (Höhe beträgt 66% der Breite)
                int intOriginalHoehe = pobjArea.height;
                pobjArea.height = (int)(pobjArea.height*2.0/3+0.5);
                int intOffset = (int)((intOriginalHoehe-pobjArea.height)/2+0.5);
                pobjArea.y += intOffset;
        }

        protected synchronized void bewegeWeiter(int pintRichtung)          {
                // analog Palette.java/bewegeWeiter(pintRichtung)
                int xOffset=objCanvas.getXOffset();
                int yOffset=objCanvas.getYOffset();
                Graphics g = objCanvas.getGraphics();
                Lager    objLager = objCanvas.getLager();
                Rectangle objArea =
objCanvas.getPixel(objLager.getPalettePosition(this));
                Rectangle objOrigArea = new
Rectangle(objArea.x,objArea.y,objArea.width,objArea.height);
                groesseAnpassen(objArea);

                int intSpeed = objAktuelleEinheit.getSpeed();
                int i=0;

                int x=0,y=0;
                while (++i <= intSpeed) {

                        // zuerst löschen wir eine alte Position, indem wir
diese mit
                        // der Hintergrundfarbe der Einheit übermalen
                        //g.setColor(objAktuelleEinheit.getEinheitFarbe());
                        g.setColor(Color.white);

g.fillRect(xOffset+objOrigArea.x+x,yOffset+objOrigArea.y+y,objOrigArea.width-1,o
bjOrigArea.height-1);
```

```
                        PaletteGrafisch.java
                    // um in die richtige Richtung zu malen, müssen wir die
Richtung
                    // berücksichtigen

                    x=0;    y=0;
                    if (pintRichtung == Einheit.NACH_RECHTS)          {
                            x = (int)(1.0*objOrigArea.width*i/intSpeed+0.5);
                    }
                    else if (pintRichtung == Einheit.NACH_LINKS)     {
                            x =
-(int)(1.0*objOrigArea.width*i/intSpeed+0.5);
                    }
                    else if (pintRichtung == Einheit.NACH_UNTEN)     {
                            y =
(int)(1.0*objOrigArea.height*i/intSpeed+0.5);
                    }
                    else if (pintRichtung == Einheit.NACH_OBEN)      {
                            y =
-(int)(1.0*objOrigArea.height*i/intSpeed+0.5);
                    }

                    // Palette malen
                    zeichnePalette(objCanvas,objArea,x,y);
                    try      { sleep(100); } catch (InterruptedException ie)
{}
                }

            verschiebePalette(pintRichtung);
        }

    private synchronized void zeichnePalette(LagerCanvas pobjCanvas,
Rectangle pobjArea,int x,int y) {
                Graphics g = pobjCanvas.getGraphics();
                int xOffset=pobjCanvas.getXOffset();
                int yOffset=pobjCanvas.getYOffset();

                g.setColor(getEinheitFarbe());

g.fill3DRect(xOffset+pobjArea.x+x,yOffset+pobjArea.y+y,pobjArea.width-1,pobjArea
.height-1,true);
        }

    }
```

```java
                                    Platz.java
package hrl;

/**
Beschreibt einen Platz im Regal oder auf dem Band.
*/

public class Platz       {

        // Eigenschaften
        private Palette    objPalette;
        private boolean    boolReserviert;
        private int        intIndex;              // nur für Debug

        // Konstruktoren

        public Platz(Palette pobjPalette)        {
                objPalette = pobjPalette;
                boolReserviert = false;
        }

        public Platz()   {
                // standardmäßig ist der Regalplatz frei und enthält demnach
                // auch keine Palette
                this(null);
        }
        public Platz(int i)      {
                intIndex = i;
        }


        public synchronized boolean isBelegt()           { return (boolReserviert
|| objPalette!=null); }
        public synchronized boolean isFrei()             { return
(!boolReserviert && objPalette==null); }

        public synchronized void reserviere()    {
                //Log.println(this+" wurde reserviert!");
                boolReserviert = true;
        }
        public synchronized void freigabe()              {
                //Log.println(this+" wurde freigegeben");
                boolReserviert = false;
        }

        public synchronized void setPalette(Palette pobjPalette)        {
                if (isBelegt()) {
                        Log.println(this+": Die Palette "+pobjPalette+"
überschreibt die alte Palette "+objPalette+"!");
                }
                objPalette = pobjPalette;
                //Log.println(this+": Die Palette "+pobjPalette+" wurde auf
ihren Platz gesetzt.");
                freigabe();
        }
        public synchronized void loeschePalette()        { objPalette = null;
freigabe(); }
        public synchronized Palette getPalette()         { return objPalette; }
        public synchronized boolean isPalette(Palette pobjPalette)       { return
(objPalette==pobjPalette); }

        public synchronized String toString()    {
                return
this.getClass().getName()+"[#"+intIndex+";Palette="+objPalette+";reserviert="+bo
olReserviert+";belegt="+isBelegt()+"]";
        }

}
```

```java
                                    Regal.java
package hrl;

/**
Beschreibt ein Regal.
*/

public class Regal extends Einheit {
        protected static long    lfdNr = 0;
        protected long           longNummer;

        private Ware             objSorte;              // ist das Regal
sortenrein oder ein Zwischenlagerregal?

        public Regal(int pintLaenge, int pintRichtung, Ware pobjSorte, int
pintSpeed)     {
                super(pintLaenge,pintRichtung,pintSpeed);

                // Durchnummerieren der Bänder
                longNummer = lfdNr++;

                objSorte = pobjSorte;
        }

        public Regal(int pintLaenge, int pintRichtung, Ware pobjSorte)    {
                this(pintLaenge,pintRichtung,pobjSorte,STANDARD_SPEED);
        }
        public Regal(int pintLaenge, int pintRichtung)    {
                this(pintLaenge,pintRichtung,null,STANDARD_SPEED);
        }

        public long getNummer() { return longNummer; }

        public void setSorte(Ware pobjWare)      {
                // sollte dem Regal eine feste Ware zugeordnet werden, dann
                // kann dies nachträglich gemacht werden und zwar nur dann,
                // wenn das Regal leer ist
                if(isLeer())     objSorte = pobjWare;
        }
        public Ware getSorte()   { return objSorte; }
        public boolean hasSorte()         { return (objSorte!=null); }

        public boolean isGleicheWare(Ware pobjWare)      {
                if (objSorte == null)    {
                        // wir haben ein Auslagerregal, d.h. zählt nicht, da
separat
                        // behandelt
                        return false;
                }
                return pobjWare.equals(objSorte);
        }

        public boolean passtPalette(Palette pobjPalette)        {
                // Regal hat gleiche Ware wie Palette?
                return isGleicheWare(pobjPalette.getWare());
        }

        public String toString()         {
                StringBuffer     objString = new StringBuffer("");
                objString.append(this.getClass().getName());
                objString.append("[");
                objString.append("#");             objString.append(longNummer);
                objString.append(";");
                objString.append("Sorte=");        objString.append(objSorte);
                objString.append(";");
                objString.append("Länge=");        objString.append(intLaenge);
                objString.append(";");
                objString.append("Belegung=");     objString.append(intAnzahl);
                                    Page 1
```

```
                        Regal.java
         objString.append("]");
         return objString.toString();
      }

   }
```

```java
                                    RegalGrafisch.java
package hrl;

import java.awt.*;

/**
Regal - grafisch. Nur um eine Zeichenfunktion erweitert.
*/

public class RegalGrafisch extends Regal implements Grafisch      {

        public RegalGrafisch(int pintLaenge, int pintRichtung, Ware pobjSorte)
{
                super(pintLaenge,pintRichtung,pobjSorte);
        }

        public RegalGrafisch(int pintLaenge, int pintRichtung)    {
                super(pintLaenge,pintRichtung);
        }

        public void zeichne(LagerCanvas pobjCanvas)      {
                Graphics g = pobjCanvas.getGraphics();
                Lager    objLager = pobjCanvas.getLager();
                int xOffset=pobjCanvas.getXOffset();
                int yOffset=pobjCanvas.getYOffset();
                Rectangle objArea =
pobjCanvas.getPixel(objLager.getRegalPosition(this));

//g.fillRect(xOffset+objArea.x,yOffset+objArea.y,objArea.width,objArea.height);
                //g.setColor(Color.black);       // Rahmen schwarz
                g.setColor(getEinheitFarbe());

g.drawRect(xOffset+objArea.x,yOffset+objArea.y,objArea.width-1,objArea.height-1)
;
        }

        public Color getEinheitFarbe()  { return new Color(0xC0C0FF); } //
hellblau
}
```

```
                              Simulation.java
package hrl;

import java.awt.*;
import java.awt.event.*;
import java.util.Vector;

/**
Richtet das ganze System ein und simuliert es.

"With a little help from my friends." Joe Cocker
*/

public class Simulation implements MainObject {

        // Konstanten

        private static final long       MAX_PALETTEN            = 120;
        private static final long       ANIMATE_EVERY_MILLIS    = 500;

        // logische Komponenten
        private Lager                   objLager;
        //private Ampel                 objAmpel;
        //private LKW                   objLKW1,objLKW2;
        private PaletteGrafisch         objNeuePalette;

        // grafische Komponenten
        private Frame                   objAppFrame;
        // BorderLayout.CENTER
        private LagerCanvas             objCanvas;
        // BorderLayout.NORTH
        private Panel                   objNorthPanel;
        private Label                   objLabelStatus;
        private Label                   objLabelAnzahlPaletten;
        // BorderLayout.SOUTH
        private Panel                   objSouthPanel;
        private Button                  objButtonNeuePalette;
        private Button                  objButtonPauseResume;

        public Simulation()     {};

        public static void main(String[] args) {
                Simulation s = new Simulation();

                s.init();
                s.go();
        }

        public void init()      {
                // Um anständig loggen zu können, initialisieren wir es
                Log.init();

                // Fenster einrichten
                objAppFrame = new Frame("Hochregallager");

                objLager = new Lager(10,6);     // jedes Regal 10 breit und je
Seite 6 hintereinander
                //objLager = new Lager(8,9);    // Testweise: 8 breit und je
Seite 9 hintereinander

                // wir richten die Zeichenfläche (=Canvas) als zentrales Objekt
ein
                objCanvas = new LagerCanvas(objLager);
                objAppFrame.add(objCanvas,BorderLayout.CENTER);

                // der nördliche Teil des Fensters zeigt Statuswerte an
                objNorthPanel = new Panel();
                objLabelStatus = new Label("Status:");
objNorthPanel.add(objLabelStatus);
                objLabelAnzahlPaletten = new Label();
                              Page 1
```

```
                                         Simulation.java
objNorthPanel.add(objLabelAnzahlPaletten);
                objAppFrame.add(objNorthPanel,BorderLayout.NORTH);

                // der südliche Teil bietet Not-Aus, Pause und Resume, etc
                objSouthPanel = new Panel();
                //objSouthPanel.add(new Label("Nächste Palette mit"));
                //objLabelWare = new Label("",Label.CENTER);
objSouthPanel.add(objLabelWare);
                objButtonNeuePalette = new Button("Start");
objSouthPanel.add(objButtonNeuePalette);
                objButtonNeuePalette.addActionListener(new ActionHandler(this));
                objAppFrame.add(objSouthPanel,BorderLayout.SOUTH);

                objAppFrame.addWindowListener(new QuitHandler(this));
                objAppFrame.setBounds(getCenteredInScreen(640,480));
                //objAppFrame.setResizable(false);
                objAppFrame.setVisible(true);
        }

        public void go()          {

                objNeuePalette = getNeueZufaelligePalette();
                aktualisiereGuiNeuePalette();

                // Empfangssystem
                // hier wird auf Meldungen vom Eingang und Ausgang gewartet
                // und entsprechend reagiert. Die Paletten selbst arbeiten
alleine.

                //while(true)    {
                //       try {
Thread.currentThread().sleep(ANIMATE_EVERY_MILLIS); } catch
(InterruptedException ie) {}
                //}

                for(int i=0; i<120; ++i) {
                long delay = (long)(2000+2000*Math.random());

                        try { Thread.currentThread().sleep(delay); } catch
(InterruptedException ie)
                        {
                        }
                        neuePaletteWeitergeben();
                }

        }

        private PaletteGrafisch getNeueZufaelligePalette()        {
                // da wir 10 verschiedene Palettensorten haben werden, lassen
                // wir die Zufallsmaschinerie ran
                int intRandom = (int)(10*Math.random());
                String  strArtikel      = "CDs";
                Color        objColor         = Color.gray;
                switch (intRandom)    {
                        case 0: strArtikel="Salat";      objColor=Color.green;
break;
                        case 1: strArtikel="Bananen";    objColor=Color.yellow;
break;
                        case 2: strArtikel="Tomaten";    objColor=Color.red;
break;
                        case 3: strArtikel="CD's";       objColor=Color.gray;
break;
                        case 4: strArtikel="Orangen";    objColor=Color.orange;
break;
                        case 5: strArtikel="Kondome";    objColor=Color.pink;
break;
                        case 6: strArtikel="Telefone";   objColor=Color.magenta;
                                         Page 2
```

```
break;
                case 7: strArtikel="Wasser";    objColor=Color.blue;
break;
                case 8: strArtikel="Kohle";     objColor=Color.black;
break;
                case 9: strArtikel="Lampen";    objColor=Color.cyan;
break;
            }
            PaletteGrafisch objPalette = new PaletteGrafisch(new
Ware(strArtikel,objColor));
            objPalette.setCanvas(objCanvas);
            if (objPalette.getNummer()>=MAX_PALETTEN)         return null;
            objPalette.start();      // Paletten-Thread starten
            return objPalette;
        }

        // wird von der Ampel oder vom Benutzer aufgerufen
        public void neuePaletteWeitergeben()    {
            objLager.neuePalette(objNeuePalette);
            objNeuePalette = getNeueZufaelligePalette();
            aktualisiereGuiNeuePalette();
        }

        private void aktualisiereGuiNeuePalette()         {
            // gibt es keine neue Palette mehr, gehts nicht mehr weiter
            if (objNeuePalette == null)     {
                // wir entfernen die drei
                // Button deaktivieren
                objButtonNeuePalette.setLabel("Keine neue Palette!");
                objButtonNeuePalette.setForeground((new
Button()).getForeground());
                objButtonNeuePalette.setBackground((new
Button()).getBackground());
                objButtonNeuePalette.setEnabled(false);
            }
            else    {
                // neue Palette
                objButtonNeuePalette.setLabel("Neue Palette
'"+objNeuePalette.getWare().getArtikel()+"' einstellen");
                Color objBG = objNeuePalette.getWare().getFarbe();

objButtonNeuePalette.setForeground((objBG.equals(Color.black))?Color.white:Color
.black);
                objButtonNeuePalette.setBackground(objBG);
            }
            objLabelAnzahlPaletten.setText(objLager.getAnzahlPaletten()+"
Paletten im System, bisher "+objLager.getBisherEingefuehrt()+" eingelagert und
"+objLager.getBisherAusgefuehrt()+" ausgeliefert.");
            objLabelAnzahlPaletten.invalidate();
            objButtonNeuePalette.invalidate();
            objCanvas.invalidate();
            objAppFrame.validate();
            objCanvas.repaint();
        }


        // Damit das Fenster geschlossen werden kann, hier der QuitHandler
        // als private Klasse, der auch auf Knöpfe und Menüs reagieren kann
        private class QuitHandler extends WindowAdapter implements
ActionListener {
            private MainObject objMain = null ;
            //public QuitHandler()  {}
            public QuitHandler(MainObject pobjMain)      { objMain =
pobjMain;}
            public void actionPerformed(ActionEvent ae) { quit(); }
            public void windowClosing(WindowEvent we)   { quit(); }
            private void quit() {
                objMain.quit();
```

```
                }
        }

        public void quit() {
                System.exit(0);
        }

        // ActionEvent Handler für obige AWT-Objekte
        private class ActionHandler implements ActionListener {
                private Simulation objSim;
                public ActionHandler(Simulation pobjSim)        { objSim =
pobjSim; }
                public void actionPerformed(ActionEvent ae) {
                        Object objSource = ae.getSource();
                        // abhängig vom auslösenden Objekt tun wir was
                        if (objSource == objButtonNeuePalette)  {
                                // der Knopf "neue Palette einführen" wurde
gedrückt
                                objSim.neuePaletteWeitergeben();
                        }
                }
        }


        private Rectangle getCenteredInScreen() {
                if (objAppFrame == null)         return null;
                return
getCenteredInScreen(objAppFrame.getSize().width,objAppFrame.getSize().height);
        }

        private Rectangle getCenteredInScreen(int pintWidth,int pintHeight) {
                Dimension objTmpScreenSize =
Toolkit.getDefaultToolkit().getScreenSize();
                if (pintWidth   > objTmpScreenSize.width)
pintWidth=objTmpScreenSize.width;
                if (pintHeight  > objTmpScreenSize.height)
pintHeight=objTmpScreenSize.height;
                return new
Rectangle((objTmpScreenSize.width-pintWidth)/2,(objTmpScreenSize.height-pintHeig
ht)/2,pintWidth,pintHeight);
        }

}
```

```java
package hrl;

import java.awt.Color;

/**
Spezifiert die Ware.
*/

public class Ware          {

        private String   strArtikel;              // eine Beschreibung der Ware
        private Color    objFarbe;                // welche Farbe sie in der
grafischen Darstellung hat

        public Ware(String pstrArtikel, Color pobjFarbe)          {
                strArtikel        = pstrArtikel;
                objFarbe          = pobjFarbe;
        }

        public boolean equals(Ware objWare)       {
                return strArtikel.equals(objWare.getArtikel());
        }

        public String getArtikel()        { return strArtikel; }

        public Color getFarbe()           { return objFarbe; }


        public String toString()          {
                //return
this.getClass().getName()+"[Artikel="+strArtikel+";Farbe="+objFarbe+"]";
                return this.getClass().getName()+"[Artikel="+strArtikel+"]";
        }
}
```

www.ingramcontent.com/pod-product-compliance
Lightning Source LLC
LaVergne TN
LVHW092352060326
832902LV00008B/982